BEAVER BOOKS

My First Bilingual Book • Mon premier livre bilingue

Grocery Store

À l'épicerie

English-French · Français-anglais

— A child's first book of words and fun – in two languages! —
— Un livre bilingue, rempli de mots et de plaisir pour les tout-petits ! —

shopping cart

un panier d'épicerie

aisle

une allée

milk and cheese

du lait et du fromage

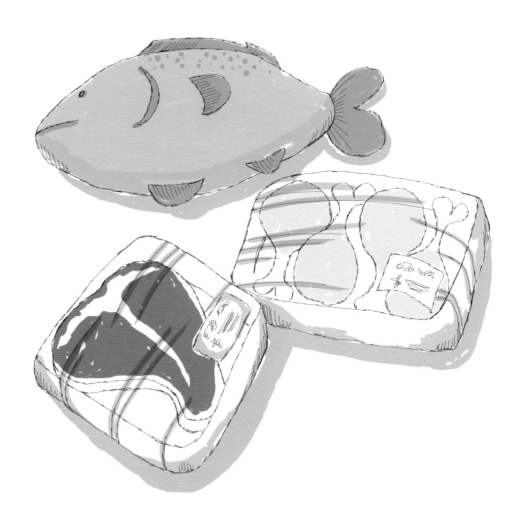

meats

de la viande

bread

du pain

fruits and vegetables

des fruits et des légumes

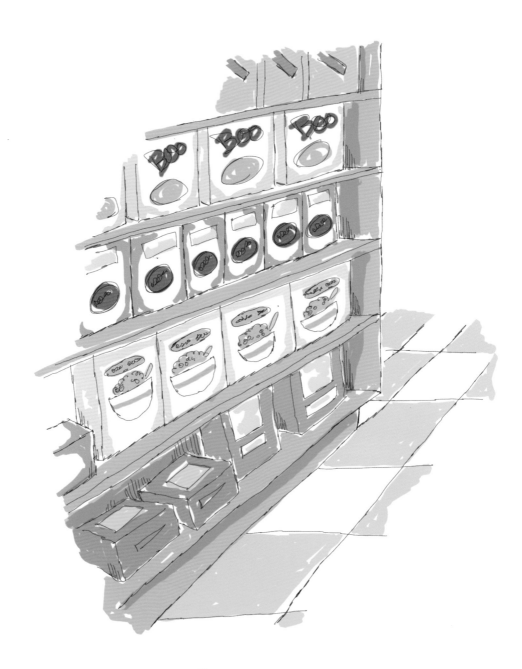

boxes

des boîtes

cans

des conserves

frozen foods

des produits surgelés

cash register

la caisse

bags

des sacs d'épicerie

— Fun activities with things at the — grocery store!
— Des activités amusantes! —

Can you say the names of these things at the grocery store, in both French and English?

Nomme en français et en anglais tous les éléments qui sont présentés ici.

Say the name of each thing and find its picture in the book.

Prononce les mots que tu vois ici et
retrouve les éléments correspondants dans le livre.

| boxes | cans | meats | aisle |
| des boîtes | des conserves | de la viande | une allée |